M · SASEK

ISTO · É · ROMA

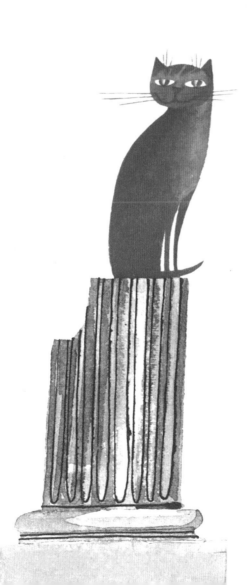

Vamos recuar até ao início...

Era uma vez uma mãe loba e dois irmãos bebés chamados Rómulo e Remo. A loba cuidou deles sozinha. Quando Rómulo se tornou adulto fundou uma aldeia que cresceu e cresceu até se tornar numa grande cidade que cobria setes colinas.

Esta cidade era Roma.

Do desktop de Jeffrey Simmons

Umas férias em Paris inspiraram Miroslav Sasek a criar guias de viagem das grandes cidades do mundo para crianças. Ele mostrou-me *Isto É Paris* em 1958 quando eu trabalhava em Londres e pouco depois publicámos *Isto É Londres.* Ambos os livros foram um enorme sucesso e a sua visão simples acabou por se expandir a mais doze destinos. O texto divertido, juntamente com as ilustrações alegres, tornou ímpar esta colecção e deu a Sasek (como sempre lhe chamámos) a fama e o reconhecimento internacionais que mereceu.

Fiquei contentíssimo ao saber que *Isto É Roma* vai voltar ao seu lugar de direito: as prateleiras das livrarias. Sasek já não se encontra entre nós (e eu perdi todo o contacto com a sua família), mas estou certo de que ele adoraria saber que uma nova geração de leitores curiosos vai conhecer o seu mundo fantástico, imaginativo e encantador.

Escreve aqui o teu nome

Título: *Isto É Roma*
Textos e Ilustrações de Miroslav Sasek

Copyright do texto e das ilustrações © 1960 Miroslav Sasek
Publicado com o consentimento de Simon and Schuster Books for Young Readers
Uma chancela da Simon & Schuster Children's Publishing Division
Copyright da edição portuguesa © 2010 Civilização Editora
Todos os direitos reservados

Título original
This is Rome

Tradução
Departamento Editorial

Paginação e revisão
Departamento Editorial

Impresso na China
1.ª edição em Fevereiro de 2011

ISBN 978-972-26-3271-3
Depósito Legal 317405/10

Civilização Editora
Rua Alberto Aires de Gouveia, 27
4050-023 Porto
Tel. 226 050 900
geral@civilizacaoeditora.pt
www.civilizacao.pt

* Ver factos actualizados no final do livro

Segundo a lenda, tudo começou há dois mil e setecentos anos, na colina Palatino, aqui.

O centro da cidade antiga, o Fórum Romano, ficava no sopé do monte Palatino. Estava coberto de templos e colunas memoriais e arcos do triunfo, e foi aqui que Marco António chorou a morte de Júlio César.

Agora vamos ver como Roma é hoje.

Uma cidade de coroas de louro e fontes que vive debaixo de um céu azul. Outrora a capital do Império Romano, hoje a capital da Itália e o centro da Cristandade, Roma é a "Cidade Eterna" — onde o velho e o novo mundos coabitam.

Os Romanos Antigos eram assim:

César, o Ditador

S·P·Q·R·
C·IVLIO CAESARI
DICT·PERPETVO

Augusto, o primeiro
imperador de Roma.
Governou há dois mil anos,
quando Roma já tinha um
milhão de habitantes.

S·P·Q·R·
IMP·CAESARI·DIVI·F·
AVGVSTO
PATRI·PATRIAE

Hoje, os Romanos são bastante diferentes.

Em todo o lado se vê esta inscrição —

Que significa SENATUS POPULUSQUE ROMANUS,
"O Senado e o povo de Roma". Era o equivalente
às armas da cidade ou a inscrições modernas como
"Câmara Municipal do Porto".

Dizem que os verdadeiros romanos se encontram
no Trastevere, o populoso bairro da cidade.

O laço azul quer dizer que nesta casa nasceu
mais um romano.

Hoje, o ponto central de Roma é a Piazza Venezia "Praça Veneza".
Ao fundo vê-se o "Bolo de Casamento" ou a "Máquina de Escrever",
como lhe chama o povo, mas este edifício é o Monumento a Victor
Emmanuel II. Só tem cerca de cem anos; no interior fica o Túmulo ao
Soldado Desconhecido, do tempo da Primeira Guerra Mundial. O Palazzo
Venezia, à direita, foi erguido no século XV e era a residência papal.

Aqui estamos no cimo de outra das sete colinas de Roma — o Capitólio.
Na Roma Antiga, era aqui que se situavam os templos a Júpiter e Juno.
Hoje está a Câmara Municipal, com um museu de cada lado e a estátua
de bronze do imperador Marco Aurélio ao centro.* A praça foi desenhada
pelo grande artista renascentista Miguel Ângelo.

Aqui podem ver-se duas lobas:

... esta tem 2300 anos...

... e esta é 2300 anos mais nova.

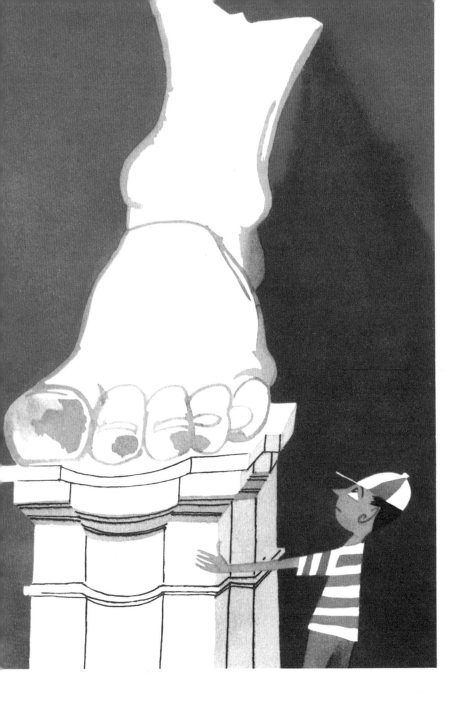

No pátio do museu, há uma pequena peça de um outro grande imperador — Constantino.

Foi com Trajano que o Império Romano atingiu a sua maior extensão, da Inglaterra ao Egipto, da Espanha ao Cáucaso.
Este é o Fórum de Trajano com a coluna de Trajano. Foi colocada no século II, com uma estátua do imperador no topo. Mais tarde foi substituída por uma estátua de S. Pedro.

Este templo é o Panteão, duzentos anos mais antigo do que
a coluna de Trajano. Este templo e a coluna foram os únicos
monumentos da Roma Antiga que chegaram até nós intactos.
No interior do Panteão estão os túmulos dos reis da Itália —
e de outro grande artista renascentista, Rafael.

"Roma não foi construída num dia", mas o Coliseu
foi construído em 8 anos. A obra acabou no ano 80 e
cabiam lá dentro 50 000 pessoas sentadas para verem
os gladiadores lutarem.

Mas, se fores lá dentro, só vais ver gatos e turistas
e vendedores de fotografias e de postais.

A Piazza Bocca della Verità — a Praça da Boca da Verdade:
o Templo de Vesta e o Templo de Fortuna Virilis.

Na Igreja de Santa Maria in Cosmedin, na mesma praça, há a "Boca da Verdade". Põe a tua mão lá dentro; se tiveres dito uma mentira, a boca vai comer-te a mão!

Uns metros mais à frente, encontras o rio Tibre.
É assim que se pesca nele.*

Muitas das colunas antigas têm capitéis coríntios
com padrões de folhas de acanto esculpidos.
A folha de acanto ainda cresce por todo o lado
em Roma. Aqui está uma.

A Ponte de Fabricius — a mais antiga de Roma — leva-te da direita desta imagem até à única ilha da cidade, Isola Tiberina.

A Praça dos Cavaleiros de Malta fica noutra das sete colinas —
o Aventino. Se espreitares por uma das aberturas do portão,

podes ver Roma até à maior igreja do
mundo — S. Pedro.

Agora estamos bastante próximos dela. Estamos no extremo da Praça de S. Pedro na Cidade do Vaticano. A Basílica de S. Pedro fica no local do Circo do imperador Nero, onde foram martirizados centenas dos primeiros cristãos e, por baixo dela, de acordo com a tradição, fica o túmulo do próprio S. Pedro. Durante duzentos anos, alguns dos artistas mais famosos do Renascimento trabalharam neste edifício. A cúpula foi desenhada por Miguel Ângelo, e a Basílica foi consagrada pelo papa Urbano VIII em 1626. A colunata em redor da praça tem quatro filas, umas atrás das outras, com 284 colunas, 88 pilares e 140 estátuas. Foi desenhada por Giovanni Lorenzo Bernini.

Este é um dos Guardas Suíços que guardam a entrada do Vaticano, que fica por detrás da Basílica. A Cidade do Vaticano, onde vive o papa, é um estado soberano desde 1929, embora tenha só cerca de quinhentos habitantes.

Há mais estátuas antigas no Vaticano do que no resto do mundo. Se quiseres ver a Capela Sistina, que tem os famosos frescos pintados por Miguel Ângelo, tens de passar por todos estes museus e as suas estátuas.

A construção do Castelo de Sant'Angelo foi iniciada pelo imperador Adriano como mausoléu da família. Na Idade Média, foi transformado numa fortaleza.

Em 1527, quando Roma foi saqueada por tropas estrangeiras, o papa Clemente VII fugiu do Vaticano para aqui através de uma passagem secreta.

31

A Basílica de S. João de Latrão — que é considerada a "Mãe e Cabeça de Todas as Igrejas" — foi fundada por Constantino o Grande, o primeiro imperador cristão de Roma. Foi destruída uma vez por um sismo e duas vezes por incêndios, foi reconstruída várias vezes até que há trezentos anos foi finalmente "modernizada". É um local popular de baptismo dos pequenos romanos, como poderás ver se lá fores num domingo de manhã. O Palazzo del Laterano — ao lado da basílica — foi outra residência papal.

Milhares de estudantes de todas as partes do mundo estudam Teologia em Roma.

Os estudantes americanos são assim,

os alemães são assim

e os escoceses assim.

Esta é Santa Maria Maggiore.

Diz a lenda que a Virgem Maria apareceu aqui ao papa
Libério e a um nobre romano, Johannes, em 352,
ordenando-lhes que erguessem uma igreja dedicada a si
no local exacto onde encontrassem neve no dia seguinte.
Isto passou-se no pico do calor de um Agosto romano
mas, no dia seguinte, miraculosamente, caiu ali neve.

Estes são os "carabinieri" em uniforme de parada.

O Palácio do Quirinal foi a primeira residência papal de Verão e, depois de 1870, o Palácio Real. Desde a Segunda Guerra Mundial que a Itália não tem reis e hoje em dia é a residência presidencial.

No interior desta igreja — San Pietro in Vincoli, S. Pedro algemado —

podes ver o mausoléu do papa Júlio II, que tem a famosa estátua de Moisés de Miguel Ângelo.

As termas de Diocleciano, erguidas no final do século III depois de Cristo, eram as maiores de Roma. Hoje fazem parte do Museu Nacional de Roma e albergam todos os tipos de obras de arte descobertas na cidade — gregas, romanas e cristãs.

As termas de Caracalla são quase um século mais antigas. Hoje são usadas como teatro ao ar livre para encenações da Ópera de Roma na temporada de Verão.

Estamos na Via Appia Antica — a Via Ápia — construída há cerca de vinte e três séculos para unir Roma a Cápua. A estrada está alinhada de antigas pedras tumulares romanas, porque nessa época era proibido enterrar pessoas dentro da cidade.

Os primeiros locais onde enterraram os Cristãos foram as catacumbas. Se as fores visitar, em vez de um bilhete de entrada dão-te uma vela.

No lado direito desta praça, a Piazza di Spagna, fica o pequeno prédio onde o poeta inglês John Keats viveu os seus últimos dias. A escadaria da praça leva à Igreja de Trinità dei Monti.

À medida que se sobe a escadaria, vê-se que Roma é uma cidade onde as laranjeiras e os limoeiros enchem os pátios

e as palmeiras crescem nos terraços das casas.

Uns passos mais à frente fica a Villa Medici, hoje em dia a Academia Francesa. Daí tem-se uma bela vista sobre toda a cidade.

Mais adiante vais encontrar o Pincio, um parque público no local dos famosos jardins de Lúculo.

O pôr do Sol visto daqui é ainda mais belo do que os do cinema, ou pelo menos é o que dizem os guias.

O maior parque de Roma chama-se Jardins Borghese e tem uma galeria de arte. Este é o Giardino del Lago

e esta é a via principal para os jardins.

Nas ruínas do Estádio do Imperador Domiciano ergue-se a Piazza
Navona com as suas fontes. A do meio é de Bernini. O obelisco veio
do Circo de Maxêncio na Via Ápia.

Outra praça romana, a Piazza Sant'Ignazio,
que parece mesmo o palco de um teatro.

Esta pirâmide é o monumento funerário de um magistrado, Caius Cestius, que morreu no ano 12 a. C. Atrás fica o Cemitério Protestante, onde podes ver os túmulos de Keats e Shelley.

Outra pirâmide feita com garrafas de Chianti, o vinho tinto italiano.

Aqui estão alguns dos autocarros, eléctricos e tróleis de Roma.*

Um táxi romano

e o metro romano.

No parque, há outra maneira de andar — montado num burro.

Roma tem imensas estátuas, mas também tem imensas motas.

Nós preferimos as estátuas; são muito menos barulhentas.

E isto é...

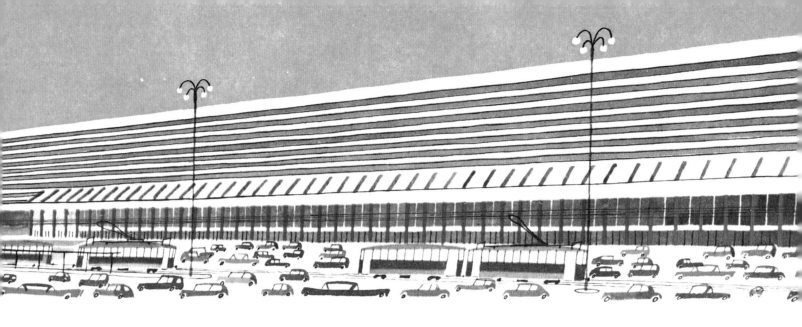

...Termini, a principal estação de Roma, onde começam e acabam todas as férias romanas.

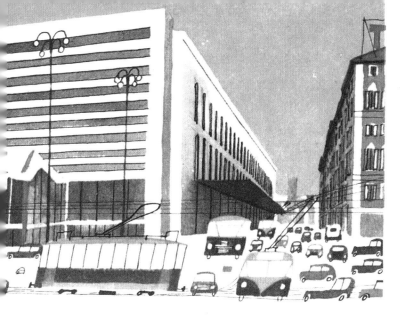

Mas talvez não queiras que sejam as tuas últimas férias em Roma.
Nesse caso, na última noite em Roma, faz um passeio nas antigas
carruagens...

... e vai até à maior e mais famosa fonte de
Roma, a Fontana di Trevi.

Sai da carruagem e atira uma moeda para a fonte.

Se fizeres isso bem — de costas viradas para a fonte atirando a moeda sobre o ombro direito —, podes ter a certeza de que um dia regressarás.

Há outra coisa, nunca te vais perder, porque venhas de onde vieres todos os caminhos vão dar a Roma!

ISTO É ROMA... HOJE!

*Página 16: Hoje a estátua é uma cópia; o original restaurado está exposto nos Museus Capitolinos.

*Página 23: Hoje os pescadores são raros; o rio está muito poluído.

*Página 52: Hoje os tróleis, depois de terem desaparecido em 1972, regressaram a Roma.